ごみのすて方を見ると、
ごみと資源に分けられるよね。
ごみと資源はどうちがうのかな？
さまざまなごみを
見直してみよう！

分別が楽しくなる！

ごみと資源のリサイクル

② ごみをへらして、資源をふやそう！

監修：高田秀重

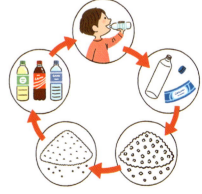

はじめに
自然から出るごみは土にうめると分解され、生きものの栄養になります。ところがプラスチックはいつまでも土や水のなかに残りつづけ、生きものに害をあたえています。そのうえ、みんなが大人になるのをじゃまする化学物質が入っています。からだを守るためには、プラスチックを分けてすてることだけでなく、できるだけ使わないようにすることも必要です。この本でそんなことを知ってもらえればと思います。2巻では、少しでもごみをへらし、ごみから資源を見つけていくことをしょうかいしています。

高田秀重　東京農工大学教授

もくじ

ごみには資源がたくさんある …………………………………………… 3

1 ごみをへらし、資源を生み出すRのアクション ……………………… 4

2 可燃ごみから資源をより分ける❶ 生ごみや手つかず食品のごみをへらす … 6

3 可燃ごみから資源をより分ける❷ 衣類や布はりっぱな資源 ……………… 8

4 可燃ごみから資源をより分ける❸ 家具はリユースがさかん ……………… 9

5 可燃ごみから資源をより分ける❹ プラスチック製容器包装と製品プラスチック … 10

6 資源を生み出す❶ 紙を細かく分けて、資源をふやす …………………… 12

7 資源を生み出す❷ ペットボトル ボトルとふたとラベルを分ける ……… 14

8 資源を生み出す❸ びん リターナブルびんとワンウェイびんを分ける … 16

9 資源を生み出す❹ かん スチールかんとアルミかんを分ける …………… 17

10 資源を取り出す❶ 金属 資源がいっぱい！分別に注意！ ……………… 18

11 資源を取り出す❷ 小型電子家電／特定4家電 特別に回収し、金属を取り出す … 19

ごみと環境SDGs新聞① ごみゼロをめざす町の取り組み ……………………… 20
災害のごみ（災害廃棄物）を知っている?／環境・ごみ・リサイクルに関する法律 … 21

ごみと環境SDGs新聞② 核のごみって何? …………………………………… 22

世界ごみニュース リサイクル率が高い国は、ごみをどうしているの? ………… 23

12 プラスチックは土にかえらない …………………………………………… 24

13 プラスチックってどんな素材なの? ……………………………………… 26

14 プラスチックはどうやってできるの? …………………………………… 27

15 プラスチックはリサイクルできないの? ………………………………… 28

ごみ分別アクション 家のなかのものの素材を調べて、分別を考えてみよう ………… 30

用語解説・索引 ……………………………………………………………… 31

考えてみよう！ごみ分別クイズ …………………………………………… 32

ごみには資源がたくさんある

毎日何気なくすてているごみ、よく見て分ければ、資源になるかもしれません。

1 ごみをへらし、資源を生み出すRのアクション

　ごみをへらし、かぎりなくゼロにすることをめざす取り組みを「３R」といいます。ほかにも頭文字がRから始まるさまざまなアクションがあり、わたしたちのこれからの生活を考えるための手がかりとなっています。資源を使いっぱなしにしている今の社会から、かぎりある資源を有効に使い、また再利用できるようにする「循環型社会（→１巻31ページ）」に変えるために必要な考え方です。

３Rってどんなこと？

　わたしたちは毎日のように、何か買いものをして、それを使い、やがてはすてます。その間に、新しいものもどんどんつくり出されています。すぐにすててしまうようなものはできるだけ買わないで、一度買ったらかならず使い切る、使い切れずにいらなくなってしまったら、ほかの人に使ってもらうようにする、すてるときには資源として再利用できるように分別する、これが３Rの基本です。

ごみを生み出さないためには、どんなことが必要かな？いちばん大切なのは１番目のRだよ。

１番目のRは、Reduce

リデュース（へらす）
ごみの量をへらす

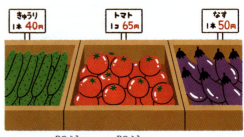

●本当に必要な分、必要なものだけを買う

Refuse

リフューズ（ことわる）
ごみになるものをもらわない

●すぐにごみになるものは買わない

2番目のRは、

Reuse
リユース（再使用）
ものをくり返し使う

- まだ使えるけどいらなくなったものは人にゆずる
- こまめに手入れをして、大切に使う

Repair
リペア（修理する）
こわれたら修理して使う

Remake
リメイク（つくり直す）
使わなくなったものを、アレンジを加えてちがうものにする

Rental & Sharing
レンタル＆シェアリング（貸し借り＆共有）
ものを借りて使う、ものやサービスをだれかと共有して使うこと

3番目のRは、

Recycle
リサイクル（再資源化）
資源として再利用する

- ごみを分別して出し、再資源化しやすくする

地球の資源にはかぎりがあります。使いすてのものにかこまれ、資源を使いすぎてきた生活を見直し、できるだけ地球に負担をかけずに、資源を有効に使いながら生活していくことが必要です。

可燃ごみから資源をより分ける❶
② 生ごみや手つかず食品のごみをへらす

　全国の市区町村では、収集したごみの内容の調査をおこなっています。調べによると、家庭で出るごみ（資源物をのぞく、おもに燃やすごみ）のなかで、重量（水分をふくんだ重さ）で約3割をしめるのが生ごみです。生ごみの中身は、おもに調理くず（調理のときに出る野菜の皮や魚の切れはし）、食べ残し、手つかず食品（賞味期限や消費期限が切れてすてられた食べもの）です。日本では生ごみは「燃やすごみ」としてあつかわれていますが、先進国などでは、たい肥としてリサイクルされるのがふつうです。

住んでいるところの自治体のホームページでも調べてみよう。「〇〇市　ごみの組成調査」などと入力すると検索できるよ。

調理のときに出る生ごみをへらす

　京都府京都市のデータを見てみましょう。生ごみの中身は調理くずや食べ残しなどがあります。これらは水分が多いので、焼却するときには水を蒸発させることになり、たくさんのエネルギーがかかってしまいます。水分をじゅうぶん切り、かわかしてからすてることが大切です。

かわかす！
野菜、くだもののむいた皮や飲んだあとのお茶の葉っぱ、ティーバッグなども水けをしぼりかわかす。

しぼる！
水分をふくんだ生ごみは、ぎゅっとしぼって水けを切る。

ぬらさない！
野菜の皮などは、洗う前に皮をむき、生ごみをできるだけ水にぬらさない。

データ
食品ロス（→1巻10ページ）13.3%
食べ残し 7.0%
手つかず食品 6.3%
その他（調理くずなど）26.3%
生ごみ 39.6%
紙ごみ 32.6%
プラスチック 11.1%
せんい類 6.1%
その他 10.6%

京都市の家庭ごみの内わけ
京都市の家庭ごみのうち「燃やすごみ」として出されたものの内わけ（令和5年度）

　生ごみはコンポストを使うことでへらすことができる。コンポストとは、生ごみを微生物*の力で分解して、栄養豊富なたい肥（肥料）に変えるしくみや容器のこと。いろいろな種類があり、段ボールやバケツなどで手づくりすることもできる。「キエーロ」は、土のなかの微生物の力で生ごみを分解するコンポスト。容器にいれた土に穴をほって生ごみをいれ、よく土とまぜてからうめていくと、数日で生ごみが分解されて消えていく。右の写真は古いりんご箱でつくったキエーロ。

*目に見えない生きもの

食べ残しと手つかず食品のごみをなくす

神奈川県横浜市のデータを見てみると、生ごみのうち多くが食べ残しと手つかず食品です。コンビニやスーパーでは販売期限というルールがあり、賞味期限内でも廃棄されます。レストランでの食べ残しも廃棄となります。わたしたちにできることはなんでしょうか。

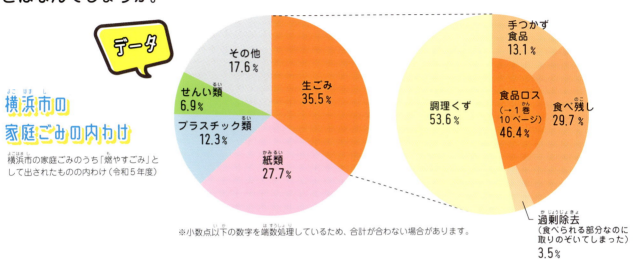

横浜市の家庭ごみの内わけ
横浜市の家庭ごみのうち「燃やすごみ」として出されたものの内わけ（令和5年度）

- 生ごみ 35.5%
- 紙類 27.7%
- その他 17.6%
- プラスチック類 12.3%
- せんい類 6.9%

生ごみの内わけ：
- 調理くず 53.6%
- 食品ロス（→1巻10ページ）46.4%
  - 手つかず食品 13.1%
  - 食べ残し 29.7%
  - 過剰除去（食べられる部分なのに取りのぞいてしまった）3.5%

※小数点以下の数字を端数処理しているため、合計が合わない場合があります。

わたしたちにできることをやってみよう！

外食
食べられる分だけを注文する。テイクアウトなどして、あまったら、つぎの食事で食べたりする。

冷蔵庫の整理
期限の早いものを手前にならべ、すぐ見えるようにする。

買いもの
すぐ食べるものなら、手前にある、期限の早いものを買う。

あるものリストと買いものリスト
冷蔵庫にあるものをメモし、リストをつくって買いものへ行く。

キーワード

賞味期限と消費期限

賞味期限は、「その日付までは品質が保たれ、おいしく食べられる」という期限。消費期限は、「その日付までは食べることができる」という期限。賞味期限をすぎた食品は食べられるけど、消費期限をすぎた食品は食べられないよ。

3 可燃ごみから資源をより分ける❷
衣類や布はりっぱな資源

　衣類や布は、多くの市区町村で「燃やすごみ」の日に収集していますが、なかには「資源」として分けて収集している市区町村もあります。また、ごみの集積所（ごみを出すところ）とは別に、回収ボックスなどを設けて回収していたり（拠点回収）、環境活動をしている外部の団体と協力して回収をおこなったりしている自治体もあります。よごれていない衣類や布は大切な資源のひとつです。できるだけ回収に協力しましょう。

住んでいる地域の分別はどうなっているかな？役所などで衣類の回収について聞いてみるとわかるよ。

まだきれいなのに、サイズが合わなくなって着られない服は、もったいないので、おさがりとしてゆずる。

おさがりをあげる人がいない場合は、フリーマーケットに出して、だれかにゆずろう。

東京都世田谷区エコプラザ用賀の古布回収ボックス
世田谷区では、ごみをへらすため、回収した衣類をリユース専門業者に買い取ってもらい、得たお金をパラスポーツの競技団体に寄付する「ふくのわプロジェクト（産経新聞社主催）」に参加している。

お店などの回収ボックス
たとえばユニクロでは、ユニクロやGUなどのブランドの、着なくなった商品（服）を、店内の回収ボックスで回収している。服は、リユースやリサイクルにまわされている。

4 可燃ごみから資源をより分ける❸ 家具はリユースがさかん

大型の家具を処分するとき、多くの市区町村では、「粗大ごみ」として有料で引き取ります。また、市の運営するリサイクル関連しせつなどで展示して、ほしい人に有料や無料でわたしたりしている自治体もあります。まだ十分使えるものも出されていることがあるので、最近では人気になっています。

住んでいる地域のホームページで、「家具のリユース」と検索してみると、出てくるよ。調べてみよう。

東京都港区家具のリサイクル展
港区では、粗大ごみの減量と資源の有効活用のため、家庭でいらなくなった良質で状態のよい木製の家具を無料で引き取っている。引き取られた家具は、港清掃工場敷地内の港資源化センターにある家具のリサイクル展の会場で展示し、先着順で販売している。

まだ使える中古家具は見た目もよく、新品より安い値段で購入できて、人気がある。

東京都練馬区リサイクルセンターの家具・食器などの販売

練馬区では、資源循環センターが粗大ごみとして回収した家具を修理・清掃し、練馬区内のリサイクルセンターで展示・販売をおこなっている。再使用ができる食器などもあつかっている。

不法投棄は犯罪
不法投棄とは、ごみ（廃棄物）を決まっている場所でないところや道などにすてること。道路上や空き地にすてるほか、収集日以外の日にごみを出すのもふくまれるんだ。「廃棄物処理法（→1巻6・7ページ）」違反になり、罰金をとられるよ。不法投棄というと、家具や産業廃棄物（→1巻7ページ）などの大きなごみをすてるイメージがあるけれど、実はペットボトルや紙くずなどの小さいごみの「ポイすて」も、不法投棄のひとつだ。ポイすては軽い表現に聞こえるけれど、あきらかな犯罪だよ。絶対にやめよう。

9

可燃ごみから資源をより分ける④
5 プラスチック製容器包装と製品プラスチック

製品プラスチック

　ペットボトルやプラスチック製容器包装以外のプラスチックでできたものを、製品プラスチックといいます。おふろ用品や洗面用具、そうじ用具、洗たく用品、文房具、おもちゃなど、日常生活で使うあらゆるものがあります。製品プラスチックは、「燃やすごみ」のあつかいとなっている市区町村がありますが、「資源」として分別回収しているところもふえてきました。プラスチック製容器包装と製品プラスチックをいっしょに回収する場合と別べつに回収する場合があります。

＊市区町村により、回収している種類にちがいがあります。

身のまわりにどれだけの製品プラスチックとプラスチック製容器包装があるか、書き出してみよう。

おもな製品プラスチック

洗面器／歯ブラシ／ポリバケツ／洗たくばさみ／ハンガー／下じき／定規／ボールペン／シャープペンシル／プラモデル／ブロック

　地域のごみ収集で、製品プラスチックを「資源」として回収している例を見てみよう。
　自治体の「ごみの分け方・出し方」の説明に、

資源物 **プラスチック類**
プラスチック製品

などと書いてあったら、ごみではなく、資源物として分別回収しているよ。自治体によって、プラスチックだけでできているきれいなもの、プラスチック製品（「容器」と「包装」以外のプラスチックごみ）、などと書きそえてあるよ。
　洗たくばさみや楽器のタンバリンなどのように、一部が金属でも、大部分がプラスチック素材ならだいじょうぶという自治体もあるよ。

プラスチック製容器包装

店で何か品ものを買うと、まずとうめいなフィルムや紙などでラッピングされ、さらに手さげぶくろなどに入れるなど、たくさん包装されることがあります。商品を包んだとうめいなフィルムや容器は、プラスチック製容器包装です。これらは、中身の商品を取り出して使ったあとは、いらなくなります。日本は世界から、「過剰包装（商品を包みすぎる）」の国だといわれていて、今では、わたしたちが出すごみの多くがプラスチック製容器包装です。プラスチックのごみをどうするかということは、世界共通の問題になっています。（→3巻22～23・29ページ）＊市区町村により、回収している種類にちがいがあります。

容器包装はプラスチック製だけではないけれど、圧倒的にプラスチックのものが多いよ。

不要な容器や包装をことわる
品ものを買うときに不要な包装をことわれば、ごみをへらすことにつながる。

おもなプラスチック製容器包装

プラマークはプラスチック製の容器や包装などについている。

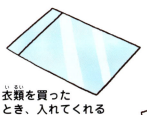
衣類を買ったとき、入れてくれるとうめいなフィルム

総菜など食品が入ったとうめいな器

おかしのふくろ

肉や魚などの食品トレー

レジぶくろ

インスタントラーメンのふくろ

冷凍食品などの外ぶくろ

食パンやロールパンのふくろ

食品トレーは洗ってかわかして資源回収

食品トレーは、ごみの収集日に「資源」として回収されたり、ペットボトルや紙パックと同じく、スーパーや市役所などに回収ボックスがある場合が多いです。あらってかわかしてから「資源」として出せば、ずいぶんごみがへります。

自治体やスーパーで回収されているのは、肉や魚などの食品を入れたトレーなどが多い。

まめ知識

容器包装リサイクル法って何？

家庭から出るごみの割合のうち、容積で全体の6割をしめている容器包装のごみをリサイクルする目的で1995（平成7）年につくられた法律だ。わたしたちはごみをへらし分別して出すこと、市区町村は分別して収集すること、商品をつくるメーカーは再商品化・資源化する義務があることなどを定めている。

11

資源を生み出す❶
6 紙を細かく分けて、資源をふやす

紙のごみは家庭だけでなく、学校や会社などさまざまな場所で、たくさん出ています。多くの市区町村では、使ったティッシュなどの紙くず以外の古紙を、ダンボール、新聞、雑誌、紙パック、雑紙など数種類に分別し、回収しています。ちがう種類のものをまぜるとリサイクルの質が落ちてしまうので、種類ごとに分別して出しましょう。

＊市区町村により、分別の種類にちがいがあります。

紙類の分別は比較的わかりやすいよ。ただしほかの素材がまじっている場合があるから注意してね。

ダンボール
\ 十字にしばって出そう /

ダンボールはリサイクルするとまたダンボールになるよ。もしほかの素材がくっついていたら、はずそう。

紙パック
\ 開いて内側が見えるようにすてよう。/

紙パックはトイレットペーパーやティッシュペーパーになるよ。内側に銀色のアルミはくがはってある紙パック（酒類など）はリサイクルできないよ。

新聞
\ 十字にしばって出そう /

新聞は新聞紙やコピー用紙などに生まれ変わるよ。新聞にはさまっているチラシをまぜてよい場合もあるよ。

雑誌
\ 十字にしばって出そう /

雑誌は雑誌用紙やダンボールなどになるよ。チラシをまぜて出せる場合もあるよ。

紙パックの回収

牛乳などの紙パックは、スーパーや市役所などでも回収をしていることが多いので、場所を調べておき、利用するようにしましょう。

古紙のリサイクル

回収されたあとは、手作業で、まざってはいけないものを取りのぞく作業をする。一度水にとかして、せんいがばらばらになったパルプというどろどろの状態にしてから、大きな機械でのばして再生紙として生まれ変わるよ。

水にとかしてどろどろになったパルプ状の古紙。

雑紙ってどんなもの？

雑紙とは、新聞・雑誌・ダンボール・紙パック以外の、リサイクルできる紙（古紙）のこと。ふうとうなど細かいものやカレンダーなど大きいものもあるから、まよって「燃やすごみ」に入れてしまいそうだけど、資源なのできちんと分別しよう。

紙以外の部分を取りのぞこう

おもな雑紙

はがき・名刺・コピーした紙・トイレットペーパーのしん

おかしの箱
＊金色・銀色の紙を使った箱は、リサイクルできないので、燃やすごみに

包装紙、紙ぶくろ
＊シールやセロテープ、布製・プラスチック製のひもは取りのぞく

たばこの箱
＊銀紙、セロファンは取りのぞく

ティッシュの箱
＊取り出し口にあるビニールは取りのぞく

カレンダー
＊金属の留め具ははずし、燃やさないごみに

ふうとう
＊とうめいなフィルムは取りのぞく

再生できない紙ってどんなもの？

リサイクルできるとされている紙でも、においやよごれ（油よごれなど）がついてしまったら、「燃やすごみ」になります。また古紙のリサイクルは、紙を水にとかしてあらたな紙にするので、水にとけない紙はリサイクルできません。

リサイクルできないおもな紙

- 金色・銀色の折り紙
- ほかの素材でコーティングされた紙
- クッキングシート
- 紙コップなど、防水加工された紙
- ケーキなどの包装紙
- アイロンプリント紙
- レシートなどの感熱紙
- 写真、アルバム
- ガムなどの包装紙
- シール
- 宅配便送り状などのカーボン紙

洗剤や石けんの箱など、においのついた紙や、ピザの箱など、油や食品でよごれた紙もリサイクルはできないよ

資源を生み出す❷
7 ペットボトル ボトルとふたとラベルを分ける

日本ではペットボトル入りの飲みものがどこでも手に入り、毎日大量に飲まれています。ペットボトルもプラスチックの容器で、もっとも量の多い廃棄物のひとつです。世界では今、リサイクル（再資源化）より、まず使用量をへらすことが必要といわれています。分別のしかたはとてもわかりやすいので、飲んだあとは、ルールを守って分別しましょう。飲みもの以外のPETマークがついている調味料のボトルも、分別の対象です。

分別の際にペットボトルとして回収できるものを識別できるようにしたマーク。対象となるものは、水やお茶、酒、牛乳や乳飲料、特定調味料（しょうゆ、しょうゆ加工品、料理酒、みりん風調味料、食酢、調味酢、ノンオイルドレッシングなど）、など。

ペットボトルは何でできている？

ふた プラスチックの1種のポリプロピレンなど

ラベル ペットボトルの表面にまかれているプラスチックの1種のポリエチレンなど。

ボトル プラスチックの1種のポリエチレンテレフタート

プラスチックにはいろいろな種類がある（→28〜29ページ）。

ペットボトルはふたとラベルとボトルの3種類に分けるんだよ。素材がちがうからね。

ペットボトルという区分で分別回収できるおもなもの

❶ 2L 飲料用ボトル
❷ 800ml 飲料用ボトル
❸ 500ml 飲料用ボトル
❹ 500ml 飲料用ボトル（炭酸用）
❺ 540ml 飲料用ボトル（うすくてつぶしやすいもの）
❻ 飲料用ボトル（ホット用）
❼ 調味料などのボトル
　めんつゆ、しょうゆ、みりん、料理酒、酢、ノンオイルドレッシングなどでPETマークがついているもの

※飲料用はこのほかにも250ml、300ml、600ml、900ml、1Lくらいの量のものもある。

プラスチックの識別マークとして、指定ペットボトル以外のペットボトルおよびその他のプラスチック製ボトルにこのマークがついている。対象となるものは、食用油、オイル成分を含むドレッシングなど、ソース、焼肉のたれなど、洗剤、シャンプー、化粧品、医薬品などのペットボトルは、プラスチック製容器包装。

においが強いものや油がついているものは、ペットボトルとして回収できないんだ。

PET素材だけど、ペットボトルという区分で分別回収できないおもなもの

見た目はペットボトルににているけれど、プラマークがついていて、ボトルはPETなどと書いてある。

ペットボトルのリサイクル

分別回収されたペットボトルは、ペットボトルに再製品化されたり、せんいや文房具などの製品にリサイクルされる。

資源を生み出す❸ びん リターナブルびんとワンウェイびんを分ける

　びんには、再使用（リユース）できるリターナブルびんと、一度しか使えないワンウェイびんの2種類があります。リターナブルびんは、牛乳やビール、いっしょうびんなどに多く使われています。そのほかのほとんどのものはワンウェイびんです。リユースができれば、ガラスをとかしてリサイクルしないですむので、その分、エネルギーを使いません。

びんをできるだけリターナブルにすれば、資源やエネルギーを使わないですむね。

おもなリターナブルびん

❶ 酒・いっしょうびん
❷ ビールびん
❸ 牛乳びん

おもなワンウェイびん

❶ 酢のびん
❷ 栄養ドリンクのびん
❸ ジャムのびん

リターナブルびんのリユース

使用したびんを販売店に返す → びんを洗じょうする → 中身をつくる工場へ → 販売店へ

洗じょうされたびんに飲料をつめて、販売店に出荷する

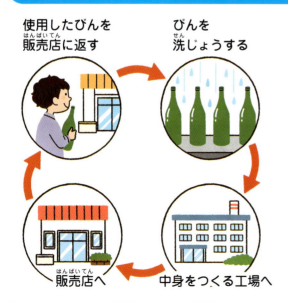

ワンウェイびんのリサイクル

資源として分別回収される → とうめい、茶色、そのほかの色に分けられ、細かくくだかれる → 新しいびんをつくる → 中身をつくる工場へ → 販売店へ

再生されたびんに中身をつめて、販売店に出荷する

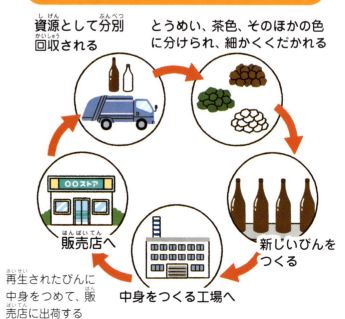

資源を生み出す❹ 9 かん スチールかんとアルミかんを分ける

かんは金属でつくられた容器で、アルミ製のかんとスチール（鉄）製のかんがあります。飲料や食品に使われているものが多いです。アルミとスチールは、再資源化しせつの大型の磁石でかんたんに選別できるため、ほとんどの市区町村で、いっしょに回収されています。かんは、ほかに、石油や薬品などの入れものとしても使われています。

＊市区町村により、分別の種類にちがいがあります。

2種類のかんは、選別しやすくリサイクルのしくみもととのっているから、協力しやすいね。

 飲料用や食品用のアルミかんのマーク。

 飲料用や食品用のスチールかんのマーク。

 せんべいのかんなどそのほかの一般製品用のスチールかんマーク。

おもなアルミかん

アルミでできたかんは、やわらかく、軽くてさびない。ほとんどが飲料のかん。

❶ 飲料かん
❷ ビールのかん

おもなスチールかん

スチールでできたかんは、アルミよりじょうぶで重い。飲料や食品のかんづめなどがある。

❶ 飲料かん
❷ くだもののかんづめ
❸ 魚や野菜、肉類などのかんづめ
❹ せんべいのかん

アルミかんとスチールかんのリサイクル

資源として分別回収される。→ アルミとスチールに分けられる。→ アルミはアルミニウム工場で、熱でとかし、アルミニウムの板にする。

スチールは製鉄工場で、熱でとかし、スチールの板にする。→ さまざまなスチール、アルミ製品に再利用（リサイクル）される。

かんとして収集されないもの

スプレーかんやカセットボンベなどのガスかん、ペンキのかんなどは、正しく処理しないとけんなことがあります。市区町村のルールにしたがって分別しましょう。

10 資源を取り出す❶ 金属 資源がいっぱい！分別に注意！

家のなかにあるものには、金属でできた製品がたくさんあります。台所にあるフライパンやなべ、スプーン、大きなものではキッチンの流し台、窓のわくなども金属です。また、はさみなどのようにプラスチックと組み合わせている道具もあります。金属のごみの回収は、資源として回収する、燃やさないごみとして回収して金属だけを取り出す、そのままうめ立てるなど、市区町村によってさまざまです。

金属は、台所の道具や家のあちこちに使われているよ。家電などはプラスチックと組み合わせて使われているんだ。金属は大切な資源だよ。さがしてみよう。

金属の種類と特徴と使われているもの

同じなべでも、スチールやステンレス製のものもあれば、アルミ製や銅製のものもあるなど、台所用品や食器も、いろいろな素材の金属でできているよ。

スチール（鉄）
磁石がくっつくのが特徴。さびやすい。フライパン、スチールかん、本だな、収のうラック、つくえ、いすなどに使われている。

ステンレス（スチールの一部）
やや重くて、さびにくいのが特徴。なべ、ボウル、ざる、おたま、スプーン、ナイフ、フォーク、流し台、はさみなどに使われている。

アルミ
軽くてさびにくい。1円玉の色をしているのが特徴。なべ、アルミかん、窓わくのアルミサッシになどに使われている。

銅
10円玉の色をしている。さびると青緑色などに変色する。なべなどに使われる。

金属のリサイクル

分別回収 → **選別** → **金属を取り出す** → **再利用されて新しい製品に使われる**

手作業で分別、分解する

それぞれの金属をあつかう会社

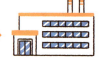
それぞれの金属加工をする会社・金属製品をつくる会社

資源を取り出す❷
11 小型電子家電／特定4家電
特別に回収し、金属を取り出す

小型電子家電

パソコンやスマートフォン、デジカメ、小型ゲーム機といった小型家電には、しくみに必要な金属が使われています。レアメタルとよばれる貴重な金属や、金や銀などの高級な金属も使われていて、都市鉱山などとよばれています。不要になった小型家電の回収は、資源として月に一度くらい回収する、役所や販売店に回収ボックスを置いて回収する、燃やさないごみとして回収して手作業で分別し、金属だけを取り出す、そのままうめ立てるなど、市区町村によって、さまざまです。

小型家電リサイクル法
（「使用済み小型電子機器等の再資源化の促進に関する法律」）

貴重な金属の資源を多くふくむ小型家電をなるべく再利用（リサイクル）しようと、2013年に「小型家電リサイクル法」が定められた。回収された小型家電は分解され、金属を選別して取り出してから、新たな資源として再利用（リサイクル）される。

分別回収
▼
分解・選別
（リサイクル事業の会社）
▼
金属を取り出す
（金属を取り出す事業をおこなう会社）
▼
再利用されて新しい製品に使われる。
（製品をつくる会社）

特定4家電

家庭で使われている、大型の家電のうち、冷蔵庫、洗たく機、テレビ、エアコンの4種類を特定4家電といい、家電リサイクル法によって、メーカーがリサイクルをすることが義務づけられています。そのため、市区町村では回収せず、メーカーが決めたリサイクル業の会社が回収をおこないます。わたしたち消費者は4家電を買いかえるときに、リサイクル料を支はらって、使用済みのものを引き取ってもらう必要があります。

家電リサイクル法
（「特定家庭用機器再商品化法」）

4家電は、もともとは市区町村が大型のごみとして処理していたが、貴重な資源がふくまれていることや、冷蔵庫やエアコンに入っているフロンという有害な物質を取りのぞくための特別な装置が必要なことなどから、1998年に家電リサイクル法が定められた。リサイクルの費用は消費者がはらい、リサイクルはメーカーの義務となった。

リサイクル料の支はらい
▼
回収
▼
解体・リサイクル
（リサイクル事業の会社）
▼
再利用されて新しい製品に使われる。
（製品をつくる会社）

ごみと環境 SDGs 新聞①

ごみゼロをめざす町の取り組み

生ごみは土にまぜてたい肥にすれば自然にかえすことができます。紙やガラス、金属（鉄やアルミなど）は分別すれば、再資源化（リサイクル）ができます。衣類や家具も分別して可能なかぎり再使用する（リユース）という方法があります。こうしてできるだけものを細かく分別し、ごみの量をゼロになるようへらす（リデュース）、3Rの取り組みをおこなっている町があります。

43種類に分別し、資源にする
徳島県上勝町

上勝町では、高額な費用がかかる焼却しせつの建設をやめ、ごみを45種類（現在では43種類）に分別して集積所に持ちこみ、できるかぎり再資源化（リサイクル）をすることにしました。生ごみは多くの家庭でたい肥にする道具をもち、処理しています。燃やすごみは、「どうしても燃やさなくてはならないごみ」という名前で、最低限の量を出しています。2003年に日本で初めての「ゼロ・ウェイスト宣言」をした町として、世界からも注目されています。

「ゼロ・ウェイスト」は、「ごみゼロ」という意味です。むだをへらし、できるだけごみを出さないようにする取り組みです。オーストラリアの首都キャンベラが1996年に世界初の「ゼロ・ウェイスト宣言」をおこなってから、世界中に広がっています。日本では、2003年に徳島県上勝町が宣言してから、ほかにもいくつかの市町が宣言を出しています。

町の中心にある、ゼロ・ウェイストセンター。町のごみ収集はおこなわれず、町の人がみずから、ごみを持っていき、分別している。

くるくるショップは、まだ使えるけれど不要になった食器や衣類、雑貨などがならんだリユースショップ。無料でだれでも持ち帰れる。ごみを出さないために地元の小学生が考えたアイデアから、2006年にスタートした。

焼却炉をもたず、うめ立てもできるかぎりしないために、徹底的にごみを分別して、資源にすることを選んだ町があるよ。それぞれの町はどんな考え方ややり方をしているのかな。見てみよう。

日本のゼロ・ウェイスト宣言都市しょうかい

福岡県大木町
- 2008年「大木町もったいない宣言」
- 燃やすごみ以外を29種類に分別回収
- 日本初、使用済み紙おむつのリサイクルの実施
- 生ごみを分別回収して、液体の肥料にし、農地にもどす

熊本県水俣市
- 2009年「ゼロ・ウェイストの町づくり水俣宣言」
- 焼却やうめ立てにたよらない町づくりのしくみをつくる
- 生ごみ、廃食油の分別回収およびリサイクルを実施
- 生ごみ処理容器キエーロを市民に無償で貸し出し

奈良県斑鳩町
- 2017年「斑鳩まほろば宣言」
- 脱焼却・脱うめ立てをめざす
- 燃やすごみ以外を35種類に分別回収
- 2023年度のリサイクル率は55.0%。

福岡県みやま市
- 2020年「みやま市資源循環のまち宣言」
- バイオマスしせつでの生ごみの資源化をすすめている
- 太陽光発電などの利用でエネルギーの地産地消*をすすめている

*その地いきで生産したものをその地いきで消費すること

環境・ごみ・リサイクルに関する法律

　1992年の地球サミットを受けて、日本では1993年に「環境基本法」が制定されました。地球の資源と環境を守ること、将来も資源を使いつづけることができ、人が健康でいられる社会を受けついでいくこと、世界の国ぐにと協力して積極的に地球の環境を守っていくという考え方を定めたものです。この考え方にそって、ごみの量をへらし、リサイクルなどで資源を再利用し、自然環境をこわさない日本における「循環型社会」をめざしたものが「循環型社会形成推進基本法」です。これを目標にして、さまざまなリサイクル法や廃棄物処理法が定められています。

```
環境基本法
  │
循環型社会形成推進基本法
  │
  ├── 資源有効利用促進法
  │   リデュース、リユース、リサイクルについて定めた。
  │
  └── 廃棄物処理法
      ごみのすて方、処理のしかたを決めた。
```

- **家畜排せつ物法**：動物のふんや尿などは、たい肥づくりへ利用されているほか、メタン発酵（メタン菌という微生物が分解をおこなう）をさせて、メタンからできるガスでの発電に使っている。
- **食品リサイクル法**：食品関連の事業者に対して、食品の売れ残りや製造過程で出る廃棄物をへらし、家畜の飼料や農地の肥料などとして再利用することをもとめる法律。
- **建設リサイクル法**：建ものをこわしたりしたときに出るごみは、ほとんどのものがリサイクルできる。
- **自動車リサイクル法**：ガラス以外のパーツはリサイクルできる。
- **小型家電リサイクル法**（→19ページ）
- **家電リサイクル法**（→19ページ）
- **容器包装リサイクル法**（→11ページ）

災害のごみ（災害廃棄物）を知っている？

　大きな地震や津波、水害などがあると、災害のごみ（「災害廃棄物」や「津波堆積物」）が発生します。道路をうめつくし通行できなくなることもあるので、どこか場所を決めてごみを集めたりすることもあります。そこで、燃やせるごみ、木材、金属、プラスチック、紙類、家電、自動車、有害なごみ、コンクリートのがれきや土砂など、少しずつ分別しながら、大切なものをさがしたりするという大変な作業になります。

東日本大震災の災害廃棄物の一次仮置き場
（宮城県石巻市・2012年2月撮影）　出典：災害廃棄物対策フォトチャンネル

ごみと環境 SDGs 新聞②

> ごみにはかたづけることがむずかしいものがあるんだ。これらは、人の健康や環境への影響に注意する必要があるよ。

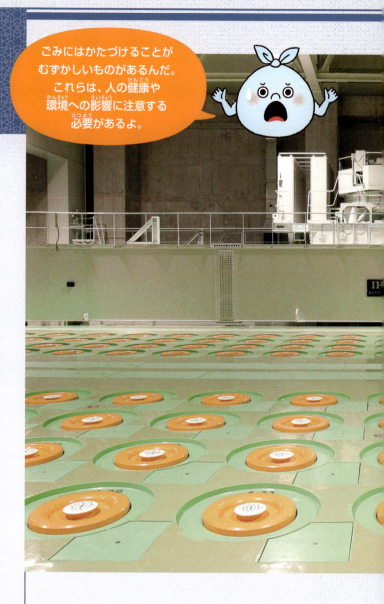

核のごみって何?

ごみには、きちんと処理をしないですてると人体や自然環境に害となる可能性が高いものがあります。それらを有害廃棄物といいます。有害廃棄物は廃棄したあと、安全な処理を適切におこなわなくてはなりません。有害な物質をできるかぎり人体や環境に影響をあたえないレベルまで弱めて、安全に管理すること、有害廃棄物にふくまれる資源を再利用することなどがもとめられています。核のごみもそのひとつです。核のごみのひとつが、原子力発電で使い終わった燃料から、再利用できるウラン、プルトニウムなどの資源を取り出した後に残る液(廃液)を、とかしたガラスとまぜてかためた「ガラス固化体」のことで、強い放射線を出す「高レベル放射性廃棄物」です。そのほかにも、原子力発電所の作業員がつける手ぶくろや放射線から身を守る防護服も放射性廃棄物です。使用済燃料は、つねに冷やしつづける必要があり、全国の原子力発電所のプールに貯蔵されていますが、原子力発電所が再稼働されれば数年でいっぱいになってしまいます。

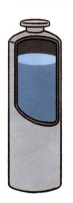

ガラス固化体

＊発電する(電気をつくる)には、何かを燃やした熱を利用してタービン(エネルギーを得るための回転式の機械)を回す。火力発電では天然ガスや石油、石炭を燃やした熱エネルギーで発電する。原子力発電では、原子炉のなかでウランという天然の金属を核分裂(物質のもとである原子の中心がいくつもに分かれてふえる)させ、その熱エネルギーを利用して発電する。

核のごみってどう処理されるの?

高レベル放射性廃棄物(ガラス固化体)は、近寄ると20秒くらいで人が死亡してしまうくらい、非常に強い放射線を出しています。「高レベル放射性廃棄物」は、千年くらいたつと放射能が弱まると考えられていますが、人体に影響をあたえないレベルまで弱めるためには10万年くらいかかり、その間、人が手をつけられないような場所に遠ざけておかなくてはなりません。このようなこまったごみを最終的にどこにすてるのか、日本ではまだ決まっていないのです。

青森県六ヶ所村の高レベル放射性廃棄物貯蔵管理センターで管理されている、高レベル放射性廃棄物。オレンジ色のふたの下に収のうされている。

核のごみの大もとの使用済燃料は、全国にある原子力発電所のなかに保管されています。原子力発電は、高度経済成長期の1950年代、多くのエネルギーが必要といわれてスタートしました。原子力発電をおこなえば、核のごみが出ることはわかっていました。核のごみの処分場さがしが始まったのは2000年代からです。処分場の建設には安全性への不安もあり、処分の場所はなかなか決まりませんでした。最終処分場の建設が必要となっていますが、核のごみの行き場はまだ決まっていません。

リサイクル率が高い国は、ごみをどうしているの？

世界の国では、ごみの処理をどうしているのでしょうか？ リサイクル率が高いカナダや韓国、ヨーロッパ諸国（→1巻28～29ページ）のくふうを見てみましょう。

カナダ
カナダの首都バンクーバーのごみの収集は日本と異なっています。一軒家の場合、自治体から各家庭にごみ箱が支給されます。そのごみ箱の大きさによってはらう税金が決まるので、ごみが多い家庭は、税金をたくさん支はらわなくてはなりません。

スロベニア
スロベニアの首都リュブリャナには、今はごみの焼却場がありません。分別と回収を徹底することを決め、「ゼロ・ウェイスト（ごみゼロ）」をめざしています。完全なリサイクルのために、2015年に大型のリサイクルしせつをつくり、持ちこまれたもののほとんどが再資源に生まれ変わっています。

ドイツ・オランダ
ドイツやオランダでは、ペットボトルなどの一部の飲料の代金に、「デポジット制」といって容器の預り金代がふくまれています。飲み終わったボトルをスーパーマーケットなどに返しに行けば、この預り金が返金されたり、スーパーでの買いもので使えるチケットがもらえるなど、さまざまなシステムが考えられています。

韓国
韓国では、生ごみのうめ立てを20年前に禁止しました。今では、食品の廃棄物の9割が、動物のえさ、農産物の肥料、家庭の暖房用燃料などにリサイクルされています。国全体で取り組んでいるというのは世界でもめずらしく、注目されています。

12 プラスチックは土にかえらない

プラスチックにはべんりなところとこまったところがあるよ。

　生ごみは時間がたてば土にかえります。たい肥（→6ページ）をつくれば、土のなかで微生物に分解されてくさり、土にかえります。このような自然のサイクルを見習って、人間はリサイクルという方法を考え出しました。紙やガラスびんや、アルミ、スチール、そのほかの多くの金属などは天然の資源なので、熱を加えてとかしたりして何回も再生することができます。ところがプラスチックはそうではありません。プラスチックは人間がつくり出した人工物で、天然資源ではないのです。プラスチックはどんなものにでもかたちを変え、さまざまなものをつくることができるので、今では身のまわりにあるほとんどのものがプラスチックでつくられています。べんりな素材ですが、土にかえらないことがこまった点です。

土にうめられたごみは、時間がたてば、くさって土にかえる。

- 綿の生地 1年くらい
- 紙 2〜5か月くらい
- 皮のバッグやくつ 25〜30年くらい
- 金属のなべやフライパン 100年くらい
- プラスチック製品 何百年もかかる

プラスチックはおもに石油からできているので、とてもよく燃えます。焼却には適していますが、うめ立てをしても半永久的に土のなかに残ってしまいます。海や川に流れてしまうと、小さくくだけるだけで完全にはなくなりません。またプラスチック製品は種類がとても多く、使いみちによっていくつかの原料を組み合わせてつくられています。そのため、リサイクル（再利用）のための分別がむずかしいというのもこまった点です。

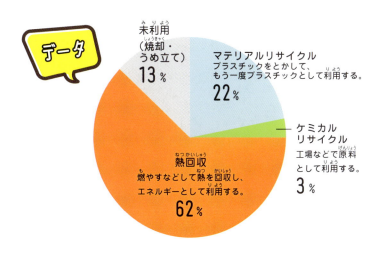

データ

- 未利用（焼却・うめ立て） 13%
- マテリアルリサイクル　プラスチックをとかして、もう一度プラスチックとして利用する。 22%
- ケミカルリサイクル　工場などで原料として利用する。 3%
- 熱回収　燃やすなどして熱を回収し、エネルギーとして利用する。 62%

日本のプラスチックのリサイクル率

プラスチック循環利用協会の調べによると、2022年の日本のプラスチックのリサイクル率は、2つのリサイクルの方法での合計が25％になっている。

25％には、海外に輸出しているプラスチックごみの分10％もふくまれているので、22％＋3％－10％＝15％が実際のリサイクル率であるという意見もある。

13 プラスチックってどんな素材なの？

わたしたちの身のまわりには、どうしてこんなにプラスチック製品があるのでしょうか。それはプラスチックならどんなかたちのものでもかんたんにつくることができるからです。プラスチックは熱を加えるととけてやわらかくなるので、そのあと自由にかたちを変えられます。プラスチックにはいろいろな種類がありますが、熱を加え、やわらかくなったあとどうなるかで、大きく2つのグループに分かれます。

プラスチックは決して消えてなくならない。人間が生み出した、とてもふしぎな性質の物質なんだ。

熱可塑性プラスチック
熱を加えてやわらかくなったあと、冷やすとかたまる。もう一度熱を加えると、やわらかくなる。チョコレートにたとえられる。

熱硬化性プラスチック
熱を加えてやわらかくなったあと、冷やすとかたまる。もう一度熱を加えても、やわらかくならない。ビスケットにたとえられる。

プラスチックの特徴

どんなかたちや色にもなる
調理やそうじ、おふろで使う道具、おもちゃや時計、文房具、衣類など、ありとあらゆるかたちや色のものをつくることができる。かたいものにでも、やわらかいものにでもなるよ。

軽くてじょうぶ
金属にかわるさまざまなものに利用できる。今まで重くて運べなかったもののかわりや、注射器などのように衛生上どうしても使いすてが必要なものなどに活用できる。

食べものを長期保存できる
おかしのふくろや冷凍食品を入れたふくろ型の容器は、酸素や湿気から食べものを守り、長期保存ができる。

だからさまざまなものに使われている。

14 プラスチックはどうやってできるの？

プラスチックは紙や木のように天然のものではなく、人間がつくりだした人工的なものです。プラスチックには種類がたくさんあり、多くのプラスチックは石油の原油からできています。

石油の原油に熱を加えてできた「ナフサ」に、さらに熱を加え、「エチレン」や「ベンゼン」などの物質を取り出す。これが、プラスチックのおおもとの原料。

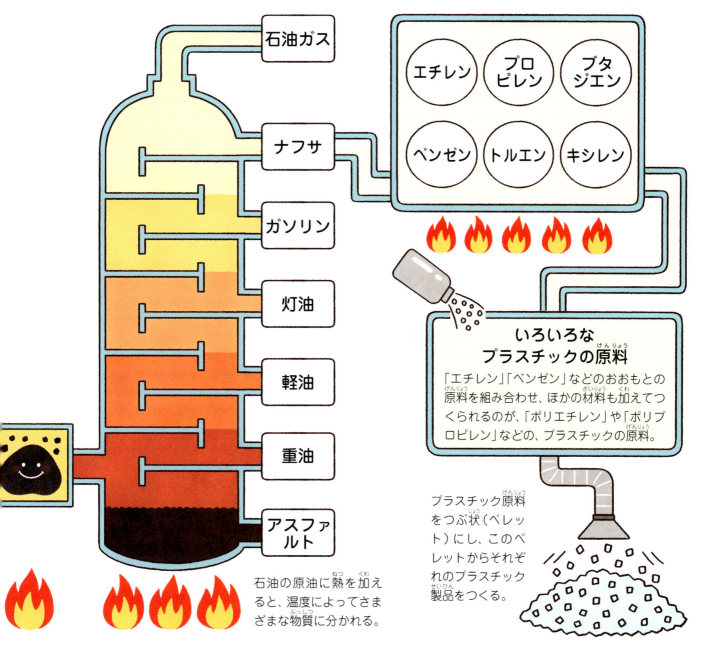

いろいろなプラスチックの原料

「エチレン」「ベンゼン」などのおおもとの原料を組み合わせ、ほかの材料も加えてつくられるのが、「ポリエチレン」や「ポリプロピレン」などの、プラスチックの原料。

石油の原油に熱を加えると、温度によってさまざまな物質に分かれる。

プラスチック原料をつぶ状（ペレット）にし、このペレットからそれぞれのプラスチック製品をつくる。

15 プラスチックはリサイクルできないの？

　プラスチックは、「ポリエチレンテレフタート」や「ポリプロピレン」など、原料の組み合わせによってさまざまな種類があります。その種類は100以上あるといわれます。種類によって、リサイクルしやすいものとリサイクルしにくいものがあります。

　またペットボトルのように、ポリエチレンテレフタートという1種類のプラスチックからつくられている製品はリサイクルがしやすいのですが、多くのプラスチック製品は2種類以上のプラスチックを組み合わせてつくられていて、分別ができないためリサイクルがしにくくなっています。何種類かのプラスチックがまざってしまうと、リサイクルできるものがかぎられてきます。また、プラスチックはにおいやよごれがしみこみやすいので、リサイクルをするのにも手間がかかります。

ポリエチレン
レジぶくろ、ラップ、フリーザーバッグなどのやわらかいものと、ペットボトルのふた、バケツ、洗面器、シャンプーの容器、洗剤の容器などのかたいものがある。

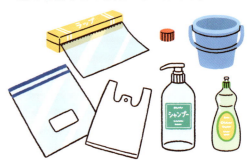

ポリエチレンテレフタート
ペットボトルのボトル本体、フリースなどの衣類、卵のパック、クリアホルダーなど。

ポリスチレン
カップめんの容器、食品トレー、発泡スチロールなどの発泡系のものと、ハンガー、CDのケース、コンピュータなどがある。

ポリ塩化ビニル
ビニールホース、クレジットカード、ビニールレザー（合成の皮）製品。

ポリプロピレン
ストロー、文房具、おもちゃ、注射器やそのほかの医療器具、ペットボトルなどのふた、食品トレーなど。

ポリカーボネード
CD、DVD、メガネのレンズ、スマートフォン、飛行機の窓、車のヘッドランプのレンズなど。

食器や衣類、家具や建もののなかの大きな道具まで、プラスチックはあらゆるものに使われているよ。

アクリル（アクリル樹脂）
セーター、水そうのとうめいな板、ヘルメット、コンタクトレンズなど。

ポリウレタン
スポーツウェア、マットレス、クッション、台所のスポンジなど。

エポキシ樹脂
ペンキなどの塗料、接着剤など。

ポリアミド（ナイロン）
ストッキング、レインコート、歯ブラシ、タイヤなど。

メラミン樹脂
食器、台所のスポンジ、ホワイトボードなど。

こんなに種類が多いと分別するのは無理！分別するのが無理だとリサイクルはできない！

　どんなものでもプラスチックでつくれるようになった分、プラスチックのごみはどんどんふえ続けるばかりです。くさらないからうめ立てても土にかえらない、海や川に流れてもそのまま残ってしまいます。石油を原料としているので燃やすのには適していますが（→27ページ）、燃やすと二酸化炭素が出て、地球温暖化の原因になります。ごみを出さない社会をめざすわたしたちはプラスチックをどのように再利用していけばよいのでしょうか。

プラスチックの問題については3巻を見てね。

ごみ分別アクション
家のなかのものの素材を調べて、分別を考えてみよう。

家のなかには、たくさんのものがある。キッチンで使うもの、洗面所やおふろで使うもの、自分で使う文房具や衣類。素材を調べてみよう。素材がわかると、分別も納得だね。

キッチン、洗面所などで

調味料のボトルや洗剤、シャンプーのボトルの裏面を見てみよう。PETマークのボトルはどれ？ プラマークのボトルはどれ？ 表などにして分類してみよう。14〜15ページを参考にしてね。

PETマークが ついているもの	プラマークが ついているもの

ダイニングやキッチンなどで

プラスチック製容器包装を見つけてみよう。おかしのふくろ、あらゆる食品のふくろやトレー、衣類などの買い物をしたときの包装ぶくろ、家の人といっしょに見つけて書き出してみよう。11ページを参考にしてね。

- おかしのふくろ
- 食品のふくろ
- 食品のトレー
- 買いものしてきた包装ぶくろ

身のまわりの紙で

紙ごみを調べよう。雑紙はどのくらいあるかな。そのなかで紙以外の素材がまざっているものはあるかな？ また、リサイクルができない素材の紙はあるかな？ 13ページを参考にして、家のなかで見つけてみてね。

自分の衣類で

衣類のタグを見てみよう。素材が書いてあるよ。Tシャツ、ズボン、セーター、スポーツウェア、くつ下、上着、レインコートなどがあるね。綿やウールなどの天然素材のほか、ポリエステル、ナイロン、アクリルなど、プラスチックのもの、何種類かまざっているものもある。どんな素材か、書き出して、調べてみよう。

身のまわりのものの素材がわかると、それがどんな資源なのかがわかっておもしろいよ。調べてみてね。

- Tシャツ ‥‥‥ 綿
- ズボン ‥‥‥ 綿
- セーター ‥‥‥ ウール
- スポーツウエア ‥‥‥ ナイロン
- くつ下 ‥‥‥ 綿とポリエステル

用語解説

環境基本法

公害対策基本法にかわって、1993年に制定された環境保全の基本的な方針を定めた法律。地球全体の環境を守るための教育を進めている。

資源の再利用

不要になった製品を分別収集、分解、加工などをして再活用すること。リサイクル。これを進め、ごみをへらすために、ごみの分別収集の必要がある。

地球サミット

1992年、ブラジルのリオデジャネイロで開かれた「国連環境開発会議」の別名で、環境の保全と持続可能な開発をテーマにした国際会議。

再生可能エネルギー

自然の力を利用した永続的に使うことができるエネルギー。風力・太陽光・太陽熱・地熱・水力・波力・バイオマスなどがある。自然エネルギーともいう。

3R

環境に負担をかけないため、ごみをへらす取り組み。Rで始まる3つの言葉「リデュース」「リユース」「リサイクル」の頭文字を取って3Rとよばれる。

バイオマス

食品の生ごみ、動物のふんなど、動植物のもつエネルギーを利用した燃料をバイオマス燃料という。二酸化炭素の発生もおさえられるので注目されている。

索引

か
核のごみ ……………… 22、23
家電リサイクル法 ………… 19、21
拠点回収 ………………… 8
高レベル放射性廃棄物 ……… 22、23
小型家電リサイクル法 ……… 19、21
コンポスト ………………… 6

さ
災害廃棄物 ………………… 21
再資源化 ……… 5、14、17、20
雑紙 …………… 12、13、20、30
シェアリング ……………… 5
循環型社会 ……………… 4、21
消費期限 ………………… 6、7
賞味期限 ………………… 6、7
3R ……………………… 4、20
製品プラスチック ………… 10
ゼロ・ウェイスト …… 20、21、23

た
津波堆積物 ………………… 21
デポジット制 ……………… 23

は
廃棄物処理法 …………… 9、21

ふ
不法投棄 …………………… 9
プラスチック …… 6、10、11、14、15、18、20、21、24、25、26、27、28、29
プラスチック製容器包装 …… 10、11、15、20、30、32
プラマーク ……………… 15、30
PETマーク ……………… 14、30

や
有害廃棄物 ………………… 22
容器包装リサイクル法 …… 11、21

ら
リサイクル … 5、6、8、9、11、12、13、14、15、16、17、18、19、20、21、23、24、25、28、29
リターナブル ……………… 16
リデュース ………… 4、20、21
リフューズ ………………… 4
リペア …………………… 5
リメイク ………………… 5
リユース …… 5、8、9、16、20、21
レンタル ………………… 5

わ
ワンウェイ ……………… 16

31

考えてみよう！ごみ分別クイズ

プラスチック製容器包装は、つぎのうち、どれ？

- Ⓐ レジぶくろ
- Ⓑ お店で売っているごみぶくろ
- Ⓒ 冷たい飲みものについているストロー
- Ⓓ テイクアウトのコーヒーのカップ
- Ⓔ お店で売っているプラスチックのコーヒーカップ
- Ⓕ ペットボトルのキャップ

答えは、右のページをめくったところにあるよ

監修　高田秀重（たかだ・ひでしげ）

東京農工大学農学部環境資源科学科教授。国内外で、プラスチックと環境ホルモンの影響を調べ、研究をおこなっている。2005年から、世界各地の海岸でひろったマイクロプラスチックを集めて調査する「インターナショナル・ペレットウオッチ」を主宰し、世界各国で活動している。プラスチックと生ごみの焼却には反対で、プラスチックは使用をへらすこと、生ごみはコンポストをすすめている。プラスチックの問題を多くの人に向けて発信している。

デザイン　　黒羽拓明
イラスト　　田原直子／鴨下潤
執筆・編集　永田早苗

協力・写真提供

P6京都府京都市／P6キエーロオフィシャル／P7神奈川県横浜市／P8東京都世田谷区／P8産経新聞社／P8ユニクロ／P9東京都港区／P9東京都練馬区／P11アフロ／P12ピクスタ／P12古紙再生促進センター／P16日本ガラスびん協会／P17全日本一般缶工業団体連合会／P18下村企販株式会社／P20徳島県上勝町／P21福岡県大木町／P21熊本県水俣市／P21奈良県斑鳩町／P21福岡県みやま市／P21災害廃棄物対策フォトチャンネル／P22-23日本原燃株式会社

P13-14写真撮影　mayumi工房

参考文献

京都市ホームページ／横浜市ホームページ／世田谷区ホームページ／港区ホームページ／練馬区ホームページ／環境省ホームページ（環境再生・資源循環　各種リサイクル法）・（容器包装リサイクル法改正〜３Rの推進）／（公財）日本容器包装リサイクル協会ホームページ／経済産業省「容器包装リサイクル法　活かそう、「資源」に」・（容器包装に係る分別収集及び再商品化の促進等に関する法律）／PETボトルリサイクル推進協議会ホームページ／（公財）古紙再生促進センターホームページ／日本ガラスびん協会ホームページ／（公財）食品容器環境美化協会ホームページ／全日本一般缶工業団体連合会ホームページ／徳島県上勝町ホームページ／環境省（災害廃棄物対策フォトチャンネル）ホームページ／日本原燃株式会社ホームページ／（一社）資源・リサイクル促進センター「小学生のための環境リサイクル学習ホームページ」／日本財団ジャーナル／（一社）プラスチック循環利用協会ホームページ／「みんなで考えたい　プラスチックの現実と未来へのアイデア」（東京書籍）

分別が楽しくなる！
ごみと資源のリサイクル
②ごみをへらして、資源をふやそう！

2025年3月20日　　初　版

NDC518　P32　29×22

監　修	高田秀重
発行者	角田真己
発行所	株式会社　新日本出版社
	〒151-0051　東京都渋谷区千駄ヶ谷4-25-6
	tel.　03-3423-8402（営業）　03-3423-9323（編集）
	メール　info@shinnihon-net.co.jp
	ホームページ　www.shinnihon-net.co.jp
	振替番号　00130-0-13681
印　刷	光陽メディア
製　本	東京美術紙工

落丁・乱丁がありましたらおとりかえいたします。
©Sanae Nagata 2025
ISBN978-4-406-06829-1 C8336 Printed in Japan

本書の内容の一部または全体を無断で複写複製（コピー）して配布することは、法律で認められた場合を除き、著作者および出版社の権利侵害になります。小社あて事前に承諾をお求めください。

32ページのクイズの答え

プラスチック製容器包装は…

プラスチック製容器包装とは、「プラスチックでできていて、商品を入れたり、包んだりしているもの」だよ。

レジぶくろは、お店で買った商品を入れるものなので、プラスチック製容器包装だけど、お店で売っているプラスチックのごみぶくろは商品なので製品プラスチックになる。

飲みものについているストローやファストフード店などにある使いすてのプラスチックのカトラリー（ナイフ、フォーク、スプーンなど）も製品プラスチックだよ。

テイクアウトのお店やコンビニエンスストアなどで売っているテイクアウトのコーヒーのカップは、コーヒーという飲みもの（商品）を包んでいるプラスチック製容器包装。雑貨のお店などで売っているプラスチックでできたコーヒーカップは何も包んでいないので製品プラスチックだ。

ペットボトルは、飲みものを入れて（包んで）いる。キャップとラベルはプラスチックなのでプラスチック製容器包装、プラマークだよ。ペットボトル本体はプラマークではなくPETマークがついている（ラベルに書いてあるので見てね）

プラスチック製容器包装には
プラマークがついているので、
確認してみてね。